BEI GRIN MACHT SICH IHR WISSEN BEZAHLT

- Wir veröffentlichen Ihre Hausarbeit, Bachelor- und Masterarbeit

- Ihr eigenes eBook und Buch - weltweit in allen wichtigen Shops

- Verdienen Sie an jedem Verkauf

Jetzt bei www.GRIN.com hochladen und kostenlos publizieren

Bibliografische Information der Deutschen Nationalbibliothek:

Die Deutsche Bibliothek verzeichnet diese Publikation in der Deutschen National-bibliografie; detaillierte bibliografische Daten sind im Internet über http://dnb.d-nb.de/ abrufbar.

Dieses Werk sowie alle darin enthaltenen einzelnen Beiträge und Abbildungen sind urheberrechtlich geschützt. Jede Verwertung, die nicht ausdrücklich vom Urheberrechtsschutz zugelassen ist, bedarf der vorherigen Zustimmung des Verla-ges. Das gilt insbesondere für Vervielfältigungen, Bearbeitungen, Übersetzungen, Mikroverfilmungen, Auswertungen durch Datenbanken und für die Einspeicherung und Verarbeitung in elektronische Systeme. Alle Rechte, auch die des auszugsweisen Nachdrucks, der fotomechanischen Wiedergabe (einschließlich Mikrokopie) sowie der Auswertung durch Datenbanken oder ähnliche Einrichtungen, vorbehalten.

Impressum:

Copyright © 2016 GRIN Verlag
Druck und Bindung: Books on Demand GmbH, Norderstedt Germany
ISBN: 9783668635753

Dieses Buch bei GRIN:

https://www.grin.com/document/387419

Benjamin Nehrdich

Erstellung einer Datenbank zur strukturierten Verwaltung von Abschlussarbeiten

GRIN Verlag

GRIN - Your knowledge has value

Der GRIN Verlag publiziert seit 1998 wissenschaftliche Arbeiten von Studenten, Hochschullehrern und anderen Akademikern als eBook und gedrucktes Buch. Die Verlagswebsite www.grin.com ist die ideale Plattform zur Veröffentlichung von Hausarbeiten, Abschlussarbeiten, wissenschaftlichen Aufsätzen, Dissertationen und Fachbüchern.

Besuchen Sie uns im Internet:

http://www.grin.com/

http://www.facebook.com/grincom

http://www.twitter.com/grin_com

Inhalt

Abkürzungsverzeichnis

ANSI	American National Standards Institute
API	Application Programming Interface
CSS	Cascading Style Sheets
DBMS	Datenbankmanagementsystem
HTML	Hypertext Markup Language
MySQLi	MySQL Improved Extension
PHP	PHP Hypertext Preprocessor

Abbildungsverzeichnis

1 Einleitung

Datenbanksysteme sind eine wichtige Grundlage der Informatik. Bei richtiger Anwendung ermöglichen sie eine sichere, effektive und effiziente Datenhaltung. Für nahezu alle Unternehmungen stellen Datenbanksysteme die benötigten Informationen bereit und sichern somit Information als wichtigen Produktionsfaktor.

Die Entwicklung, Wartung und Verbesserung eines Datenbanksystems ist eine außerordentlich wichtige Aufgabe für ein Unternehmen. Sie trägt einen wichtigen Beitrag zum unternehmerischen Erfolg bei. Deutlich wird dies bei Betrachtung der Auswirkung eines fehlerhaften Datenbanksystems bei einer Bank. Sollten hier Transaktion oder ganze Kontostände fehlerhaft sein, ist der Schaden enorm.

Auch Webanwendung wie zum Beispiel Weblogs, Onlineshops oder Content Management Systeme sind häufig an ein Datenbanksystem angebunden. Sie bieten dem Benutzer die Möglichkeit komfortabel und übersichtlich auf die gewünschten Daten zuzugreifen.

In der vorliegenden Arbeit wird mit Hilfe eines Datenbanksystems eine anschauliche und strukturierte Verwaltung von Abschlussarbeiten ermöglicht. Die Dateneingabe und Übersicht erfolgt durch eine Webanwendung. Das Datenbanksystem ermöglicht, auch bei einer sehr hohen Studentenzahl, eine sichere Speicherung der Studentendaten sowie wichtige Informationen zu begonnenen und fertiggestellten Abschlussarbeiten. Ohne eine Datenbank wäre dies in einer so übersichtlichen Form nicht möglich.

1.1 Ziel dieser Arbeit

Die in der Einleitung beschriebene Datenbank soll mit Hilfe von MySQL erstellt werden. Zudem wird mit Hilfe von HTML und PHP, die Oberfläche erstellt, die zur Dateneingabe und strukturierten Abbildung der gewünschten Information dient.

Der Datenbankentwurf sowie PHP und das Zusammenwirken mit MySQL ist ein komplexes und weitreichendes Thema. Wichtige Grundlagen und die für diese Arbeit entscheidende Punkte sollen kurz vorgestellt werden.

Hauptziel dieser Arbeit ist die Darlegung und Argumentation der Vorgehensweise, bei der Konstruktion der Datenbank sowie deren Benutzeroberfläche.

1.2 Aufbau dieser Arbeit

Nach der Einleitung stelle ich die Definitionen vor, die für das Verständnis dieser Arbeit notwendig sind. Kapitel drei erläutert das angewandte Konzept zum Erstellen des Datenbankentwurfs. Zudem wird PHP und MySQL beschrieben. Sie stellen das Grundgerüst dieser Arbeit dar. Die Problemlösung erfolgt im vierten Kapitel. Dieses erläutert die Umsetzung der gewünschten Datenbank sowie deren Benutzeroberfläche. Der erste Teil des Kapitels erklärt die Datenbankentwicklung, sodass der zweite Teil hierauf aufbauend die Oberfläche mit der Wirkung auf die Datenbank aufweist. Der Abschluss dieser Arbeit ist Kapitel fünf. Dieses Kapitel stellt eine Zusammenfassung und eine kritische Auseinandersetzung des Erreichten dar.

2 Definitionen

2.1 SQL

Structured Query Language, sinngemäß übersetzt strukturierte Abfragesprache, ist eine sehr mächtige und zugleich einfach zu erlernende Datenbanksprache. Sie ist durch den ANSI-Standard normiert und ist für relationale Datenbanken ausgelegt. Dies führt dazu, dass sich SQL seit der Einführung 1970 durchgesetzt hat und auch heute immer noch die Nummer Eins für relationale Datenbanksysteme ist. [1]

2.2 Relationales Datenmodell

Das relationale Datenmodell dient zur logischen Datenorganisation und gliedert den realen Weltausschnitt in ein Modell, welches die zu erstellende Datenbank gestaltet und beschreibt.

Das relationale Datenmodell ist ein „weitverbreitetes logisches Datenmodell, bei dem Daten in Tabellen dargestellt werden. In einer Tabelle enthaltene Daten können mit Daten einer anderen Tabelle in Beziehung gesetzt werden, sofern beide Tabellen ein gemeinsames Datenelement besitzen."[2] In diesen Tabellen, die Relationen genannt werden, sind Entitäten gespeichert. Eine Entität stellt ein Objekt der realen Welt dar. Dies kann z.B. ein Gegenstand oder eine Person sein.[3] Die Attribute beschreiben eine Entität näher. Es

---

[1] Vgl. Wieken, 2009, S.19f.
[2] Laudon, et al., 2010, S.296.
[3] Vgl. Geisler, 2014, S.66.

sind somit die Eigenschaften der Entitäten. Zum Beispiel besitzt die Entität Mitarbeiter die Attribute Personalnummer, Name, Vorname, Geburtstag usw..[4]

3 Grundlagen

3.1 Datenbankentwurf

Eine klar strukturierte Datenorganisation ist eine wichtige Grundvoraussetzung für eine effiziente Datenbank. Von daher ist die Modellierung der Datenbank eine entscheidende aber auch komplexe Aufgabe. Es besteht zum einen die Schwierigkeit, den realen Weltausschnitt logisch sinnvoll in eine Datenstruktur zu formen, zum anderen die Vereinigung unterschiedlicher Benutzergruppen mit unterschiedlichsten Anforderung und heterogenen Anwendungssystemen herzustellen.

Zur Minderung der Komplexität wird der Datenbankentwurf in vier Phasen aufgeteilt: die Anforderungserhebung, die konzeptuelle Modellbildung, das logische Design und die Implementationsphase.

Die Anforderungsanalyse dient zur Ermittlung der Anforderungen, die die Datenbank erfüllen soll. Ziel ist die Abgrenzung des Anwendungsbereichs der Datenbank und die Ermittlung des Informationsbedarfs der zukünftigen Nutzer.

Die konzeptuelle Modellbildung setzt alle individuellen Anforderungen in ein semantisches Modell um. So entsteht ein Datenbankschema, welches die Anforderungen in eine einheitliche Spezifikation aufgliedert. Das semantische Modell ist systemunabhängig. Somit erfolgt noch keine Bindung an eine Datenbankstruktur.

Im logischen Entwurf hingegen erfolgt die Festlegung auf eine Datenbankstruktur. In dieser Phase erfolgt die Übersetzung des semantischen Schemas in ein logisches Datenmodell. Das bereits vorgestellte relationale Datenmodell ist das am meist verbreitete und erfolgreichste Datenmodell. Es dient zur Implementierung relationaler DBMS wie MySQL oder Microsoft Access.

In der abschließenden Implementationsphase wird mit der entsprechenden Datendefinitionssprache das zuvor entworfene Datenmodell implementiert und somit die Datenbank erstellt.[5]

---

[4] Vgl. Geisler, 2014, S.139.
[5] Vgl. Pernul, et al., 2003, S. 1-9.

3.2 MySQL

„MySQL ist die Open-Source-Datenbank mit der größten Verbreitung. Es handelt sich dabei um einen SQL-basierten Datenbank-Server."[6]

MySQL ist ein relationales Datenbankmanagementsystem, das heißt Daten werden in separaten Tabellen gespeichert. Dadurch ist es flexibler und auch schneller als andere Datenbankmanagementsysteme. MySQL ist quelloffen, hierdurch kann der Quellcode angezeigt werden und nach den eigenen Bedürfnissen angepasst werden.[7]

MySQL ist nicht nur ein DBMS, welches hervorragend geeignet ist um große Datenbanken zu erstellen und zu verwalten. Durch seine leichte Bedienbarkeit eignet es sich genauso gut für kleinere Datenbanken, die mittels Webanwendung angebunden werden. Ein gelungenes Gesamtsystem entsteht meist in Zusammenarbeit mit PHP.

3.3 PHP

PHP steht für PHP Hypertext Preprocessor und ist eine Skriptsprache zur serverseitigen Programmierung. Das heißt, der PHP-Code wird auf dem Server ausgeführt und nicht auf dem Client im Browser. Mit PHP lassen sich dynamische Seiten erstellen. Hierdurch entstehen Seiten, die jedes Mal nach dem Aufruf vom Server neu generiert werden und mit aktuellen Daten befüllt an den Client gesendet werden. [8] So entstehen zum Beispiel die Suchseiten einer Suchmaschine. Mit Hilfe von PHP wird für den gesuchten Begriff eine Datenbankabfrage gestartet. Anschließend wird nach den Regeln des PHP-Skriptes eine individuelle Seite vom Server erstellt, die genau auf den Suchbegriff zugeschnitten ist. Diese wird dann als HTML Datei an den Client gesendet und durch den Browser dargestellt.

PHP ermöglicht also das Zusammenarbeiten mit Datenbanken und stellt viele nützliche Funktionen bereit. Dies macht PHP zu einer äußerst mächtigen Skriptsprache.

4 Realisierung der Datenbank und der Oberfläche

In diesem Kapitel wird die Vorgehensweise zur Erstellung der geforderten Datenbank dargestellt. Der erstellte Programmiercode ist im Dateianhang enthalten und besonders

---

[6] Theis, 2006, S.154.
[7] Vgl. MySQL AB, 2007, S.19f.
[8] Vgl. Maurice, 2014, S. v.

relevante Auszüge befinden sich im Anhang. Zur Durchführung wurde eine lokale Testumgebung mittels XAMPP installiert.

4.1 Konstruktion der Datenbank

Zur Konstruktion der Datenbank gehe ich, wie in Abschnitt 3.1 beschrieben, in vier Phasen vor. Hierdurch wird die komplexe Aufgabe, das Erstellen einer Datenbank, gegliedert.

4.1.1 Anforderungsanalyse

Die Anforderungen an die Datenbank ergeben sich aus der Aufgabenstellung. Diese sind schon eindeutig beschrieben. Eine weitere Ausarbeitung ist somit nicht erforderlich.

4.1.2 Konzeptuelle Modellbildung

Für die Anforderungen aus der Aufgabenstellung entwickle ich zunächst ein Entity-Relationship-Modell. Die vier Entitäten Student, Arbeit, Betreuer und Gutachter werden in Beziehung zueinander gesetzt. Ein Student kann mehrere Arbeiten schreiben. Mehrere Arbeiten können von mehreren Betreuern betreut und von Gutachtern geprüft werden. Für jede Entität muss auch ein eindeutiges Schlüsselattribut vorliegen, damit die Datenbank die Entitäten auch eindeutig unterscheiden kann.

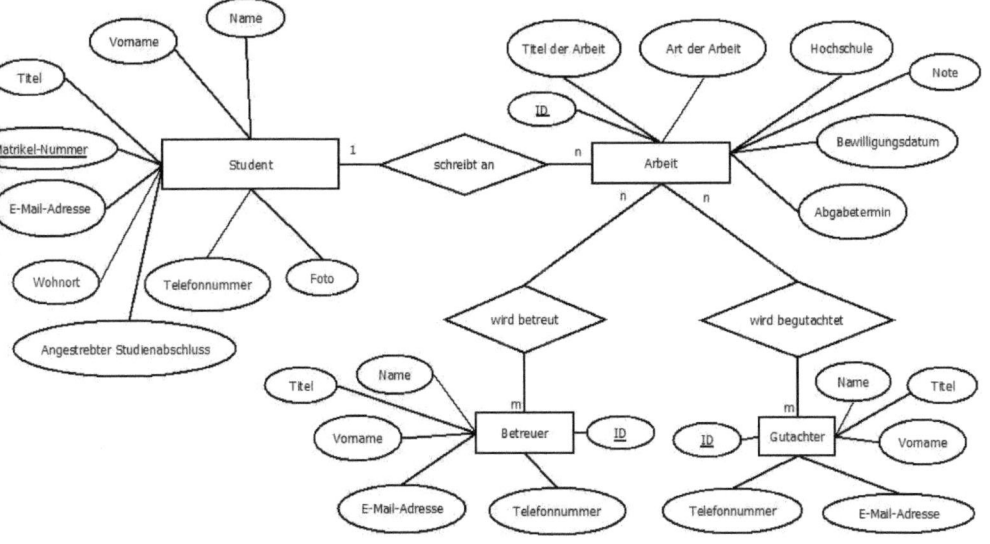

Abbildung 1: Entity-Relationship-Modell

Die Entitätstypen Betreuer und Gutachter besitzen die gleichen Attribute. Eine Überlegung ist, die beiden Entitätstypen zu einem zusammenzufassen und ein weiteres Attribut namens

5

Aufgabe hinzuzufügen. Dies scheint auf den ersten Blick sinnvoll, da ein Entitätstyp wegfällt und somit ein Entitätstyp weniger erstellt werden müsste. Wenn ein Betreuer auch die Aufgaben eines Gutachters übernimmt und umgekehrt, sollte eine Zusammenlegung erfolgen. Andernfalls würden redundante Datensätze entstehen.

Erfüllt ein Betreuer auch nur die Aufgaben eines Betreuers und ein Gutachter auch nur die eines Gutachters, bleibt diese Aufspaltung sinnvoll. Denn zum einem gestaltet sich die Ausgabe einfacher, da nicht geprüft werden muss, ob es sich um einen Gutachter oder Betreuer handelt. Dies ist durch die entsprechende Relation eindeutig. Zudem liegt für jede Entität Arbeit direkt ein Betreuer, als auch für den Gutachter vor, wodurch sich die Aufteilung in zwei Entitätstypen leichter gestaltet.

Beide Varianten haben ihre Vor- und Nachteile. Ich habe mich aus den eben genannten Gründen für die Umsetzung in zwei einzelne Entitätstypen entschieden.

4.1.3 Logisches Design

Das zuvor entworfene semantische Modell wird nachfolgend in ein logisches Datenmodell transferiert, genauer gesagt in ein relationales Datenmodell. Jeder Entitätstyp wird als Relation angelegt. Zum Herstellen einer n:m-Beziehung muss ebenfalls eine Relation erstellt werden. Für die einzelnen Attribute werden entsprechende Datentypen festgelegt und die Relationen werden mit Hilfe von Schlüsselattributen verbunden. Hieraus ergibt sich folgendes Datenmodell.

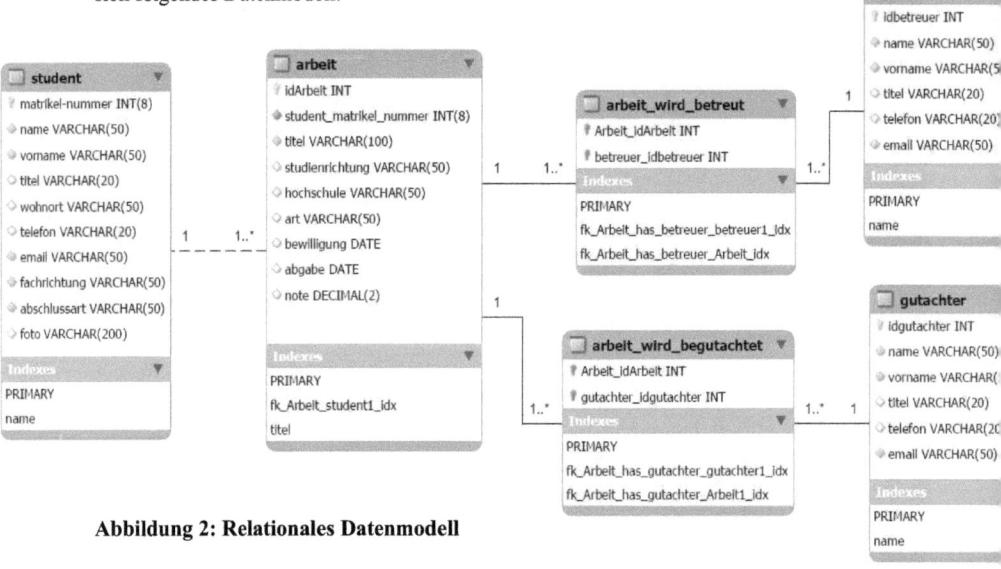

Abbildung 2: Relationales Datenmodell

6

Die Wahl der Datentypen möchte ich beispielhaft an den Attributen Name, Telefon und Foto der Relation Student erläutern. Für den Namen eines Studenten wurde der Datentyp VARCHAR(50) gewählt, dies ist eine Zeichenkette mit variabler Länge bis zu einem Maximum von 50 Zeichen. Die Maximallänge sollte für Nachnamen ausreichen und durch die variable Länge wird sichergestellt, dass kein unnötiger Speicherplatz gebunden wird.

Bei dem Attribut Telefon wurde anstatt INT ebenfalls ein VARCHAR gewählt, obwohl eine Telefonnummer aus Zahlen besteht und INT ein Datentyp für Zahlen ist. Aber mit INT ließen sich keine Trennzeichen, Sonderzeichen und führende Nullen darstellen. Zuletzt das Attribut Foto, hier bietet MySQL die Möglichkeit, diese über den Datentyp BLOB zu speichern. Allerdings benötigen Fotos deutlich mehr Speicherkapazität. Hierdurch würde sich auch die Performance der Relation Student verschlechtern, da jeder Datensatz deutlich vergrößert werden würde. Um das Problem zu lösen, erfolgt eine separate Speicherung der Datei auf dem Server. In der Datenbank wird nur der Zugriffspfad der Datei gespeichert. Hierfür bietet sich dann erneut der gewählte Datentyp VARCHAR an.

Damit eine schnelle Namenssuche möglich ist, wurde neben den Schlüsselattributen auch ein Index für alle Namen angelegt.

4.1.4 Implementationsphase

Das entwickelte relationale Datenmodell gilt als Vorlage zur abschließenden Konstruktion der Datenbank. MySQL bietet die Funktion das Modell automatisch in SQL-Code umzusetzen, sodass dieser nur noch einmal kontrolliert werden muss. Der SQL-Code für die entworfene Datenbank befindet sich im Dateianhang.

Ein wichtiges Teilziel dieser Arbeit wurde somit erreicht. Die Datenbank wurde entworfen und mit Hilfe von MySQL konstruiert.

4.2 Konstruktion der Oberfläche

Für das komfortable Arbeiten mit einer Datenbank soll eine Oberfläche erstellt werden. Diese soll die Dateneingabe unterstützen und Übersichten, über Abschlussarbeiten, ausgeben können. Hauptsächlich erfolgt die Umsetzung der Benutzeroberfläche mit PHP und HTML. Kleinere Verschönerungen wurden mit Hilfe von CSS vorgenommen.

Ich stelle zunächst die Struktur der Oberfläche vor, um einen Überblick zu vermitteln. Anschließend erläutere ich die Umsetzung der Dateneingabe exemplarisch anhand des

Studenten. Abschließend lege ich die Konstruktion der Übersichten und die damit verbundene Datenausgabe dar.

4.2.1 Struktur der Oberfläche

Die Benutzeroberfläche gliedert sich in mehrere Seiten auf. Auf der Startseite ist eine Navigation erforderlich, damit der Benutzer zwischen den unterschiedlichen Dateneingaben und den entsprechenden Übersichten wählen kann. Er kann somit auf sechs weitere Seiten wechseln und sein gewünschtes Anliegen durchführen.

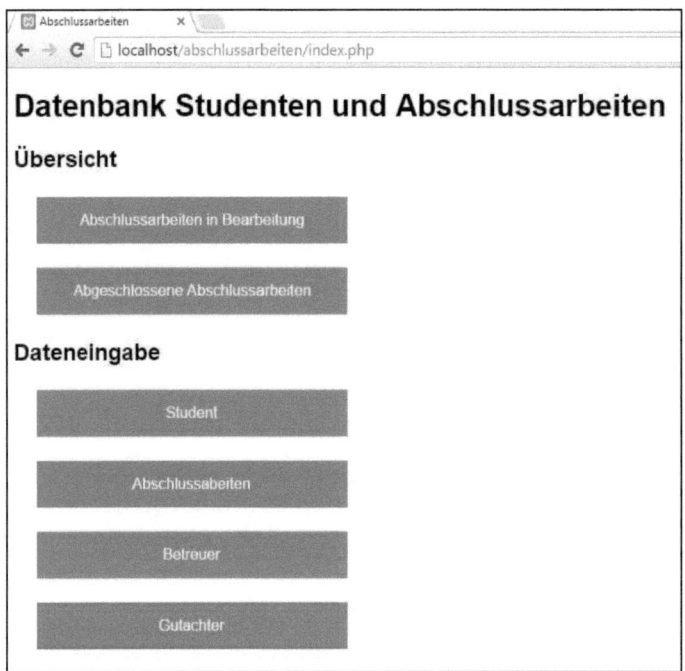

Abbildung 3: Navigation Datenbank

Für die Codierung ist es allerdings nicht erforderlich sechs weiter Seiten zu erstellen. Die ähnlichen Eingaben Betreuer und Gutachten sowie die Übersichten können dank PHP zu je einer PHP-Seite zusammengefasst werden. Hierdurch ist es allerdings erforderlich, eine Variable mittels GET-Methode an die nachfolgende PHP-Seite zu übertragen, damit zwischen den unterschiedlichen Objekten differenziert werden kann. Siehe hierzu Listing: Index im Anhang.

Das Zusammenführen der Seiten reduziert die Programmierarbeit, die zur Erstellung als auch bei der Wartung der Webanwendung auftrifft. Aus demselben Grund wurde das Herstellen der Datenbankverbindung in eine separate PHP-Seite geschrieben, auf die dann alle PHP-Seiten zugreifen, die eine Verbindung zur Datenbank herstellen.

Die Oberfläche besteht somit aus sechs PHP-Seiten: eine Navigationsseite, drei Seiten zur Dateneingabe, eine Seite zur Datenausgabe sowie eine Seite zur Datenbankverbindung.

4.2.2 Dateneingabe

Ich möchte jetzt die Dateneingabe exemplarisch am Beispiel des Datensatz Student erklären. Siehe hierzu auch den Anhang Listing: Eingabe Student.

Nach Einbinden der Datenbank und Deklaration der Weiterleitung bei erfolgreicher Durchführung erfolgt eine Wenn-Funktion. Diese überprüft, ob die Pflichtangaben im Formular bereits ausgefüllt wurden. Ist dies nicht der Fall, wird das Formular angezeigt, in dem der Benutzer die entsprechenden Daten eintragen kann. Gleichzeit wird die Fehlervariable gesetzt, damit bei erneutem aufrufen des Formulars ein Hinweis erscheint. Das Formular wird durch die Wenn-Funktion ein weiteres Mal aufgerufen, falls Pflichteingaben fehlen.

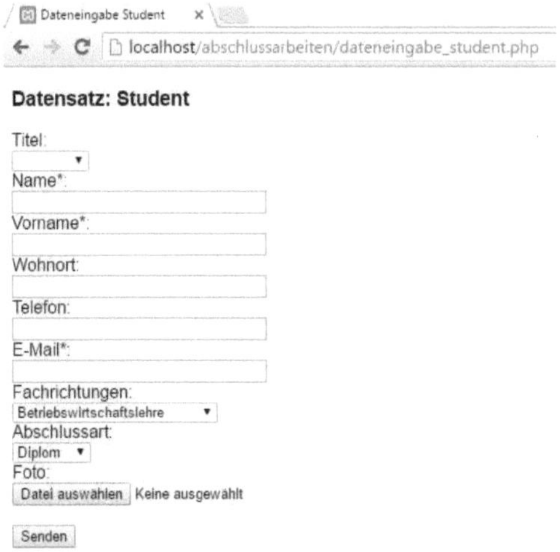

Abbildung 4: Dateneingabe Student

Für die Eingaben Titel, Fachrichtung sowie Abschlussart wurde ein Pulldown-Menü gewählt, um die Mehrfacheingabe zu reduzieren.

Sind beim Senden des Datensatzes mindestens die Pflichteingaben befüllt, erfolgt die Verzweigung in den Else-Zweig. Hier erfolgt zunächst eine weitere Wenn-Funktion, die überprüft, ob ein Foto hochgeladen wurde. Ist dies der Fall, wird ein Dateiname aus der Zeit und dem Ursprungsnamen erstellt und anschließend auf dem Server gespeichert. Eine Zusammensetzung aus Zeit und Ursprungsname wurde gewählt, damit eine Datenüberschreibung auf dem Server ausgeschlossen ist. Die Speicherung erfolgt auf dem Server. In die Datenbank wird dann an späterer Stelle nur der Pfad gespeichert. Diese Trennung erfolgt aus den im Abschnitt 4.1.3 genannten Gründen.

Abschließend erfolgt eine letzte Wenn-Funktion, die versucht, die Daten an den Datenbankserver zu senden. Sollte dies positiv verlaufen, erfolgt die Weiterleitung zur Navigationsseite. Tritt ein Fehler auf, wird die entsprechende Fehlermeldung ausgegeben.

Um die Übertragung zum Datenbankserver durchzuführen, wird auf die Erweiterung MySQLi-API zurückgegriffen. Diese wurde der ursprünglichen MySQL-API vorgezogen, da diese Prepared Statements biete und die MySQL-APL seit PHP 5.5 deprecated also veraltet ist.[9]

Die Abfrage erfolgt durch die Prepared Statements. Sie trennt die Anweisung und die Daten voneinander und bietet hierdurch einen Sicherheits- und einen Geschwindigkeitsvorteil bei wiederholtem Aufruf.[10]

4.2.3 Datenausgabe

Die Umsetzung der Datenausgabe für beide Anfragen erfolgt in einer PHP-Datei. Durch die Übermittlung der gewünschten Filterung wird dynamisch die gewünschte Seite erstellt und dem Benutzer übermittelt. Dabei werden die Daten zu den Abschlussarbeiten aus der Datenbank gelesen und anschließend überprüft, ob diese darzustellen sind. Die Abfragen auf den Abbildungen sind vom 29.05.2016. Somit befinden sich alle Abschlussarbeiten in Bearbeitung, deren Abgabedatum noch nicht überschritten wurde.

---

[9] Vgl. Maurice, 2014, S.355.
[10] Vgl. Maurice, 2014, S.375.

Abschlussarbeiten in Bearbeitung

Zurück

Matrikel-Nummer	Vorname	Name	Art der Arbeit	Name der Arbeit	Studienrichtung	Datum der Bewilligung	Abgabedatum	Betreuer	Gutachter
1	Klaus	Matthies	Bachelor-Thesis	HTML	Informatik	18.04.2016	18.10.2016	Braun	Klausen
7	Sina	Madsen	Projektbericht	Personalarbeit im Lichte der demografischen Veränderung	Betriebswirtschaftslehre	16.05.2016	11.07.2016	Jarych	Petersen
5	Kai	Schmidt	Master-Thesis	Konstruktion für verschiedene Luftfahrzeuge im mechanischen Bereich	Ingenieurwissenschaften	02.05.2016	27.06.2016	Kunz	Zimmermann
9	Luisa	Böcken	Projektbericht	Nutzung von strukturierten Finanzierungsvarianten	Finanzdienstleistung	23.05.2016	18.07.2016	Laußen	Zimmermann
8	Matse	Nissen	Projektbericht	Innovationsmanagement als strategischer Erfolgsfaktor	Betriebswirtschaftslehre	25.04.2016	20.06.2016	Reuter	Börnsen

Abbildung 5: Abschlussarbeiten in Bearbeitung, Sicht 29.05.2016

Im Gegenzug hierzu befinden sich in der nachfolgenden Abbildung alle bereits abgeschlossenen Abschlussarbeiten.

Abgeschlossene Abschlussarbeiten

Zurück

Matrikel-Nummer	Vorname	Name	Art der Arbeit	Name der Arbeit	Studienrichtung	Datum der Bewilligung	Abgabedatum	Betreuer	Gutachter	Note
6	Ursula	Berg	Diplomarbeit	Strategisches Management und Controlling als Erfolgsfaktor	Betriebswirtschaftslehre	06.01.1997	03.03.1997	Braun	Grand	1
2	Lars	Preuß	Master-Thesis	Erneuerbare Energien	Ingenieurwissenschaften	02.11.2015	10.03.2016	Jarych	Klausen	1
4	Maik	Timm	Bachelor-Thesis	Java	Informatik	19.10.2015	19.04.2016	Kunz	Klausen	2
3	Manfred	Klausen	Projektbericht	Prozessanalyse	BWL	08.09.2015	09.04.2016	Laußen	Grand	2
4	Maik	Timm	Projektbericht	C++	Informatik	15.04.2015	15.07.2015	Reuter	Petersen	1
5	Kai	Schmidt	Bachelor-Thesis	Untersuchung von Single Photon Avalanche Dioden	Ingenieurwissenschaften	05.10.2015	30.11.2015	Reuter	Börnsen	2

Abbildung 6: Abgeschlossene Abschlussarbeiten, Sicht 29.05.2016

Abschließend gehe ich auch hier auf ein Teil der Codierung ein. Siehe hierzu Listing: Datenabfrage im Anhang.

Die SQL-Abfrage erfolgt, wie bei der Dateneingabe, wieder über die MySQLi-APL. Im ersten Schritt erfolgt die Abfrage aller erforderlichen Attribute. Die Datumsformate werden bei der Abfrage direkt umformatiert, damit die Darstellung in dem üblichen Format Tag Monat Jahr erfolgen kann. Separat erfolgt aber noch einmal die Abfrage des Abgabedatums ohne Änderung des Formats. Es liegt somit in dem Format der Datenbank vor, also Jahr Monat Tag. Dieses Format wird in dieser Reihenfolge benötigt, um einen Vergleich mit dem heutigen Datum vorzunehmen zu können. Zur Prüfung des größeren Datums vergleicht PHP Zahl für Zahl, angefangen bei der ersten Ziffer. Sobald eine Zahl größer ist, ist dieses Datum für PHP die größere Zahl. Diese Prüfung erfolgt entsprechend der gewählten Abfrage und so werden alle Arbeiten ausgegeben, bei denen der Abgabetermin in der Vergangenheit liegt oder die Arbeiten noch abzugeben sind. Ein wichtiger Punkt bei dieser Vorgehensweise ist, dass das Abgabedatum bei vorzeitigen Abgaben, in der Datenbank angepasst werden muss. Damit die Arbeiten, die schon abgegeben sind, auch in der richtigen Übersicht abgebildet werden.

5 Zusammenfassung und kritische Auseinandersetzung

Die für diese Arbeit erforderlichen Definitionen sowie die Vorgehensweise zum Entwurf einer Datenbank wurden erläutert. Nachfolgend wurde die für diese Arbeit entscheidende Skriptsprache PHP und das DBMS MySQL vorgestellt. Auf diesen Grundlagen aufbauend wurde die Konzeption und Konstruktion der Datenbank und der Oberfläche erläutert. Die dabei angewendete Vorgehensweise wurde dargelegt und begründet.

Die Zielsetzung ein Datenbanksystem zu entwerfen, das die gewünschten Anforderungen erfüllt, konnte entsprochen werden. Eine funktionierende Datenbank, die sowohl die gewünschten Eingaben als auch Sichten beinhaltet, liegt vor. Sie ist übersichtlich und vermeidet Redundante Eingaben durch Pulldown-Menüs. Die Vorgehensweise konnte in der Arbeit vorgestellt und anhand von Beispielen genauer begründet werden.

Kritisch zu hinterfragen, ist die Entscheidung aus Kapitel 4.2.3. Die Überprüfung des Datums erfolgt in PHP. Hier wäre eine Auswahl über die SQL Select- Anweisung sicher die bessere Lösung gewesen. Da in diesem Fall die Auswahl der Datensätze bereits in MySQL geschieht und eine kleine Tabelle als Rückgabe entsteht. Wie stark sich dies wirklich auf die Performance der Datenbank auswirkt, ist schwer einzuschätzen. Demzufolge sollte im Wirkbetrieb eine Überwachung erfolgen und bei Performanceproblemen eine Korrektur durchgeführt werden.

Die besonders weitreichen Themen PHP und MySQL detailliert darzustellen, ist eine große Herausforderung. Für diese Arbeit erfolgte eine Konzentration auf wichtige Punkte, die zur Problemlösung   dienten.

6   Literaturverzeichnis

Geisler, Frank . 2014. *Datenbanken: Grundlagen und Design.* Heidelberg, München, Landsberg, Frechen, Hamburg : mitp, 2014.

Laudon, Kenneth C., Laudon, Jane P. und Schoder, Detlef. 2010. *Wirtschaftsinformatik Eine Einführung.* München : Pearson Studium, 2010.

Maurice, Florence. 2014. *PHP 5.5 und MySQL 5.6.* Heidelberg : dpunkt.verlag, 2014.

MySQL AB. 2007. *Das offizielle MySQL-5-Handbuch.* München : Addison-Wesley Verlag, 2007.

Pernul, Günther und Unland, Rainer. 2003. *Datenbanken im Unternehmen.* München : Oldenbourg Wissenschaftsverlag GmbH, 2003.

Theis, Thomas. 2006. *Einstieg in PHP 5 & MySQL 5.* Bonn : Galileo Press, 2006.

Wieken, John-Harry. 2009. *SQL: Einstieg für Anspruchsvolle.* München : Addison-Wesley Verlag, 2009.

Anhang:

Listing: Index
Listing: Eingabe Student
Listing: Datenabfrage

Dateianhang:

Abschlussarbeiten.sql
index.php
db_verbinden.php
dateneingabe_student.php
dateneingabe_betreuerGutachter.php
dateneingabe_arbeiten.php
sicht_arbeiten.php

```
<!DOCTYPE html>
<html>
    <head>
        <meta charset="UTF-8">
        <title>Abschlussarbeiten</title>
        <style>
            body {font-family: sans-serif; }
            div {
                background-color: #668cff;
                color: white;
                width: 300px;
                padding: 15px;
                margin: 25px;
                text-align: center;
            }
            a {text-decoration: none ; }
        </style>
    </head>
    <body>
        <h1>Datenbank Studenten und Abschlussarbeiten</h1>
        <h2>Übersicht</h2>
        <p>
        <a href="sicht_arbeiten.php?sicht=Abschlussarbeiten in Bearbeitung"><div>Abschlussarbeiten in Bearbeitung</div></a>
        <a href="sicht_arbeiten.php?sicht=Abgeschlossene Abschlussarbeiten"><div>Abgeschlossene Abschlussarbeiten</div></a>
        </p>
        <p>
        <h2>Dateneingabe</h2>
        <a href="dateneingabe_student.php"><div>Student</div></a>
        <a href="dateneingabe_arbeiten.php"><div>Abschlussabeiten</div></a>
        <a href="dateneingabe_betreuerGutachter.php?betreuerGutachter=Betreuer"><div>Betreuer</div></a>
        <a href="dateneingabe_betreuerGutachter.php?betreuerGutachter=Gutachter"><div>Gutachter</div></a>
        </p>
    </body>
</html>
```

```php
<?php
    require_once "db_verbinden.php";
    $host = htmlspecialchars($_SERVER["HTTP_HOST"]);
    $uri  = rtrim(dirname(htmlspecialchars($_SERVER["PHP_SELF"])), "/\\");
    $extra = "index.php";
    if (empty($_POST["name"]) || empty($_POST["vorname"]) || empty($_POST["email"])){
?>
<!DOCTYPE html>
<html>
    <head>
        <meta charset="UTF-8">
        <title>Dateneingabe Student</title>
        <style> body {font-family: sans-serif; } </style>
    </head>
    <body>
        <?php
        if(@$_POST["fehler"]){ //Falls die Eingabe erneut durchgeführt werden muss.
            echo "<font color=red>Bitte alle Pflichtangaben eintragen.</font>";
        }
        ?>
        <form action="<?php echo htmlspecialchars($_SERVER["PHP_SELF"]); ?>"
            method="post" enctype="multipart/form-data">
            <h3>Datensatz: Student</h3>
            <input type="hidden" name="fehler" value=1> <!-- Setzen der Fehlervariable -->
            Titel:<br>
            <select name="titel">
                <option value=""></option>
                <option value="Dr.">Dr.</option>
                <option value="Prof.">Prof.</option>
                <option value="Prof. Dr. ">Prof. Dr.</option>
            </select><br>
            Name*:<br>
            <input type="text" name="name" size="30" maxlength="50" ><br>
            Vorname*: <br>
            <input type="text" name="vorname" size="30" maxlength="50"><br>
            Wohnort:<br>
            <input type="text" name="wohnort" size="30" maxlength="50"><br>
            Telefon:<br>
            <input type="text" name="telefon" size="30" maxlength="20"><br>
            E-Mail*:<br>
            <input type="text" name="email" size="30" maxlength="50"><br>
            Fachrichtungen:<br>
            <select name="fachrichtung">
                <option value="Betriebswirtschaftslehre">Betriebswirtschaftslehre</option>
                <option value="Finanzdienstleistung">Finanzdienstleistung</option>
                <option value="Ingenieurwissenschaften">Ingenieurwissenschaften</option>

                <option value="Interkulturelle Kommunikation">Interkulturelle Kommunikation</option>
                <option value="Wirtschaftsinformatik">Wirtschaftsinformatik</option>
            </select><br>
            Abschlussart:<br>
            <select name="abschlussart">
                <option value="Diplom">Diplom</option>
                <option value="Bachelor">Bachelor</option>
                <option value="Master">Master</option>
                <option value="Zertifikat">Zertifikat</option>
            </select><br>
            Foto:<br>
            <input type="hidden" name="MAX_FILE_SIZE" value="2000000" />
            <input type="file" name="foto" /><br><br>
            <input type="submit" />
        </form>
        <?php
```

```php
            } else{
                if (isset($_FILES["foto"]) && ! $_FILES["foto"]["error"]){
                    $FotoPfad = "Foto/" . $_SERVER['REQUEST_TIME'] . basename($_FILES["foto"]["name"]);
                    if(@move_uploaded_file($_FILES["foto"]["tmp_name"], $FotoPfad));
                }
                if($ergebnis = $mysqli->prepare("INSERT INTO student (name, vorname, titel, wohnort, telefon,
                        email, fachrichtung, abschlussart, foto)VALUES (?, ?, ?, ?, ?, ?, ?, ?,?)")){
                    $name = $_POST["name"];
                    $vorname = $_POST["vorname"];
                    $titel = $_POST["titel"];
                    $wohnort = $_POST["wohnort"];
                    $telefon = $_POST["telefon"];
                    $email = $_POST["email"];
                    $fachrichtung = $_POST["fachrichtung"];
                    $abschlussart = $_POST["abschlussart"];
                    $ergebnis->bind_param("sssssssss", $name, $vorname, $titel, $wohnort, $telefon, $email,
                            $fachrichtung, $abschlussart, $FotoPfad);
                    $ergebnis->execute();
                    $ergebnis->close();
                    $mysqli->close();
                    header("Location: http://$host$uri/$extra");
                }
                else {
                    echo "Fehler: ". $mysqli->error;
                }
            }
        }
        ?>
    </body>
</html>
```

```php
<?php
    require_once "db_verbinden.php";
    $host = htmlspecialchars($_SERVER["HTTP_HOST"]);
    $uri  = rtrim(dirname(htmlspecialchars($_SERVER["PHP_SELF"])), "/\\");
    $extra = "index.php";
?>
<!DOCTYPE html>
<html>
    <head>
        <meta charset="UTF-8">
        <title></title>
        <style>
            body {font-family: sans-serif; }
            .gerade {background-color: #a0a0a0;}
        </style>
    </head>
    <body>
        <?php
        $sicht=$_GET["sicht"];
        if($ergebnis = $mysqli->query("
            SELECT
                student.`matrikel-nummer`,
                student.vorname,
                student.name,
                arbeit.art,
                arbeit.titel,
                arbeit.studienrichtung,
                DATE_FORMAT (arbeit.bewilligung, '%d.%m.%Y'),
                arbeit.abgabe,
                DATE_FORMAT (arbeit.abgabe, '%d.%m.%Y'),
                betreuer.name,
                gutachter.name,
                arbeit.note
            FROM
                arbeit
                    INNER JOIN
                student ON student.`matrikel-nummer` = arbeit.student_matrikel_nummer
                    INNER JOIN
                (arbeit_wird_betreut, betreuer) ON (arbeit.idArbeit = arbeit_wird_betreut.Arbeit_idArbeit
                    AND arbeit_wird_betreut.betreuer_idbetreuer = betreuer.idbetreuer)
                    INNER JOIN
                (arbeit_wird_begutachtet, gutachter) ON (arbeit.idArbeit = arbeit_wird_begutachtet.Arbeit_idArbeit
                    AND arbeit_wird_begutachtet.gutachter_idgutachter = gutachter.idgutachter)")){
        echo "<h2>$sicht</h2> \n";
        echo "<table border='1'> \n
        <th> Matrikel-Nummer </th> <th> Vorname </th> <th> Name </th> <th> Art der Arbeit </th>\n

        <th> Name der Arbeit </th> <th> Studienrichtung </th> <th> Datum der Bewilligung </th>\n
        <th> Abgabedatum </th> <th> Betreuer </th> <th> Gutachter </th>";
        if ($sicht=="Abgeschlossene Abschlussarbeiten"){
            echo "<th> Note </th>";
        }
        date_default_timezone_set("Europe/Berlin");
        $heute= date("Y-m-d");
        $i=2;
        if($sicht=="Abschlussarbeiten in Bearbeitung"){
            while ($objekt = $ergebnis->fetch_row()){
                if($i % 2 == 0){
                    $class= "class='gerade'";
                }
                else{
                    $class= "";
```

```php
            if ($heute < $objekt[7]){
                echo "<tr $class> <td> $objekt[0] </td> <td> $objekt[1] </td> <td> $objekt[2] </td>\n"
                    . "<td> $objekt[3] </td> <td> $objekt[4] </td> <td> $objekt[5] </td>\n"
                    . "<td> $objekt[6] </td> <td>$objekt[8] </td> <td> $objekt[9] </td>\n"
                    . "<td> $objekt[10] </td></tr>\n";
                $i++;
            }
        }
    }
    elseif ($sicht=="Abgeschlossene Abschlussarbeiten") {
        while ($objekt = $ergebnis->fetch_row()){
            if($i % 2 == 0){
                $class= "class='gerade'";
            }
            else{
                $class= "";
            }
            if ($heute > $objekt[7]){
                echo "<tr $class> <td> $objekt[0] </td> <td> $objekt[1] </td> <td> $objekt[2] </td>\n"
                    . "<td> $objekt[3] </td> <td> $objekt[4] </td> <td> $objekt[5] </td>\n"
                    . "<td> $objekt[6] </td> <td> $objekt[8] </td> <td> $objekt[9] </td>\n"
                    . "<td> $objekt[10] </td> <td>$objekt[11] </tr>\n";
                $i++;
            }
        }
    }
    $ergebnis->close();
    $mysqli->close();
}
else {

echo "Fehler: ". $mysqli->error;
}
echo "<p> <a href=$extra> Zurück </a></p>";
?>
    </body>
</html>
```